NOUVEL ALPHABET

DES

JEUX ET RÉCRÉATIONS

DE L'ENFANCE

ILLUSTRÉ

DE NOMBREUSES GRAVURES

PARIS

BERNARDIN-BÉCHET, LIBRAIRE-ÉDITEUR

31, QUAI DES AUGUSTINS, 31

NOUVEL ALPHABET

DES

JEUX ET RÉCRÉATIONS

DE L'ENFANCE

NOUVEL ALPHABET

DES

JEUX ET RÉCRÉATIONS

DE L'ENFANCE

ILLUSTRÉ

DE NOMBREUSES GRAVURES

PARIS

BERNARDIN-BÉCHET, LIBRAIRE-ÉDITEUR

31, QUAI DES AUGUSTINS, 31

—

1865

POISSY. — TYP. ET STÉR. DE AUG. BOURET.

LETTRES MAJUSCULES

A B C

D E F

G H I J

K L M

— 6 —

N O P

Q R S

T U V

X Y Z

LETTRES MINUSCULES

a b c d

e f g h

i j k l m

n o p q

r s t u

v x y z

MAJUSCULES ITALIQUES

A B C D
E F G H
I J K L M
N O P Q
R S T U
V X Y Z

MINUSCULES ITALIQUES

a   *b*   *c*   *d*

e   *f*   *g*   *h*

i   *j*   *k*   *l*   *m*

n   *o*   *p*   *q*

r   *s*   *t*   *u*

v   *x*   *y*   *z*

LETTRES DE FANTAISIE

A B C D E F G
H I J K L M N O
P Q R S T U V
W X Y Z Æ Œ

A B C D E F
G H I J K L
M N O P Q R
S T U V X Y Z

VOYELLES MAJUSCULES

A E I O U Y

VOYELLES MINUSCULES

a e i o u y

LETTRES ACCENTUÉES

à â é è ê î ô ù û

CHIFFRES

0 1 2 3 4 5 6 7 8 9

Zéro Un Deux Trois Quatre Cinq Six Sept Huit Neuf

SIGNES DE PONCTUATION

Virgule (,)
Point et Virgule (;)
Point (.)
Deux Points (:)
Apostrophe (') l'orage
Point d'interrogation (?)
Point d'exclamation (!)
Trait-d'union (-)
Parenthèse ()
Guillemet (»)

SYLLABES

ba	be	bi	bo	bu
ca	ce	ci	co	cu
da	de	di	do	du
fa	fe	fi	fo	fu
ga	ge	gi	go	gu
ha	he	hi	ho	hu
ja	je	ji	jo	ju
ka	ke	ki	ko	ku
la	le	li	lo	lu
ma	me	mi	mo	mu

na	ne	ni	no	nu
pa	pe	pi	po	pu
qua	que	qui	quo	quu
ra	re	ri	ro	ru
sa	se	si	so	su
ta	te	ti	to	tu
va	ve	vi	vo	vu
xa	xe	xi	xo	xu
za	ze	zi	zo	zu

| bla | ble | bli | blo | blu |
| cla | cle | cli | clo | clu |

dra	dre	dri	dro	dru
fla	fle	fli	flo	flu
gla	gle	gli	glo	glu
pla	ple	pli	plo	plu
spa	spe	spi	spo	spu
tra	tre	tri	tro	tru
vra	vre	vri	vro	vru

MOTS D'UNE SYLLABE

Air	Bon	Pont
Deux	Bien	Banc
Oui	Pas	Bol
Et	Par	Buis
De	Sans	Main
Huit	Dieu	Loi
Si	Don	Jeu
Dont	Doux	Un
Ni	Sur	Or
Le	Ton	Est

MOTS DE DEUX ET TROIS SYLLABES

Pa pa	É toi le
Ma man	Ré ser voir
Bi jou	Ta bli er
En fant	Son net te
Cou sin	Pa ra dis
Bon ne	É gli se
Tam bour	Fa mil le
Bal le	O rai son
Bou le	Doc tri ne
Gâ teau	En trail les

MOTS DE QUATRE SYLLABES

Pé ni ten ce
Pro me na de
Gour man di se
Con ve na ble
Glou ton ne rie
Do mes ti que
Fa ci le ment
Re con nais sant
Mar chan di se
Fi na le ment

PHRASES

Dieu dit au petit enfant :

Mon fils, aime bien ton père et ta mère.

Aime aussi tes frères et tes sœurs.

C'est Dieu qui nous a donné la vie, c'est lui qui nous la conserve.

MEMBRES DE PHRASES

De main je chan te rai un can ti que.
Il faut pré fé rer l'hon neur à la for tu ne.
Cet te da me me dit a voir mal à la tê te.
On lui por te ra du pain et du vin.
L'hi ver se ra très ri gou reux.

CRIS DES ANIMAUX

Le chien aboie.
Le chat miaule.
Le cochon grogne.
L'ours gronde.
Le loup hurle.
Le lion rugit.
Le renard glapit.
Le corbeau coasse.
La grenouille croasse.
Le serpent siffle.
Le cheval hennit.
Le taureau mugit.
Le bœuf beugle.
L'âne brait.
Le mouton bêle.
Le perroquet parle.
Le rossignol chante.

DIVISION DU TEMPS

Cent ans font un siècle.
Il y a douze mois dans un an.
Il y a trente jours dans un mois.
Trois cent soixante-cinq jours font un an.
On divise le mois en quatre semaines ; chaque semaine est composée de sept jours que l'on nomme :
Lundi, Mardi, Mercredi, Jeudi, Vendredi, Samedi, Dimanche.
Les mois de l'année sont : Janvier, Février, Mars, Avril, Mai, Juin, Juillet, Août, Septembre, Octobre, Novembre, Décembre.

LES SAISONS

Il y a quatre saisons dans l'année : le Printemps, l'Été, l'Automne et l'Hiver.

A Arbalète. Arc a

Il paraît que l'arbalète est d'invention phénicienne. Cette arme, composée d'un arc assujetti à un fût en bois, se bande au moyen d'un ressort très-simple. Elle était fort en usage autrefois dans l'armée, avant l'invention de la poudre; mais on ne s'en sert plus aujourd'hui que pour un jeu d'adresse, qui consiste à lancer des balles de terre glaise ou des flèches vers un but quelconque.

L'arc est une verge de bois ou de métal renforcée dans le milieu, élastique, qu'on plie avec effort, par la tension d'une corde attachée à ses deux extrémités, sur laquelle on appuie le talon d'une flèche, qui est lancée au loin par la vibration de cette corde, lorsqu'on vient à la lâcher après l'avoir tendue. C'est probablement, après le bâton, l'arme la plus ancienne dont les hommes se soient servis. Elle est encore en usage chez les peuples sauvages.

B Ballon b
BULLE DE SAVON

Le ballon n'est autre chose qu'une vessie enflée d'air et recouverte de cuir, fort élastique, et que l'on se renvoie avec la main ou le pied. Depuis quelques années on en fait aussi en caoutchouc vulcanisé, qui sont plus solides.

Des marchands ambulants vendent aussi de petits ballons captifs, en caoutchouc teint en rose, fort minces, et qui, remplis d'un gaz plus léger que l'air, tendent toujours à s'élever en l'air.

Pour faire des bulles de savon, on prend une petite jatte à moitié remplie d'eau savonneuse. On y trempe un fétu de paille fendu en quatre à une extrémité, et l'on souffle légèrement par l'autre bout, après l'avoir retiré de l'eau. Il se forme alors à l'endroit mouillé une bulle brillante, qu'on secoue doucement et qui s'envole dans les airs en prenant les teintes de l'arc-en-ciel.

C Cerceau C
CORDE — CERF-VOLANT

Le cerceau est un cercle de bois léger ou de fer creux, que l'on fait tourner en le poussant devant soi au moyen d'un petit bâton qui sert en même temps à le diriger.

La corde consiste à sauter en mesure, en faisant tourner autour de soi une corde dont on tient une extrémité de chaque main. Les joueurs habiles font même des doubles et des triples, c'est-à-dire que chaque fois que leurs pieds quittent la terre la corde tourne deux ou trois fois. Lorsqu'on fait tourner la corde par d'autres personnes, donner du vinaigre veut dire : Tourner plus vite.

Qui n'a vu s'élever à des hauteurs prodigieuses et planer dans le ciel ce jouet merveilleux. C'est une grande raquette en osier ou en bois fort léger, fait avec du papier tendu et collé sur les baguettes. On l'enlève en se mettant à courir et lâchant à mesure la cordelette qui le retient captif.

D Dinette d

Ordinairement on ne mange pas soi-même la dînette, et c'est à la poupée, à Monsieur Polichinelle et autres personnages de bois ou de carton, qu'est dévolu l'honneur de découper une fraise en huit morceaux, pour les offrir avec grâce à l'honorable assistance. Une petite table est nécessaire pour ce repas improvisé; à défaut, la nappe est mise sur l'herbe ou sur un tapis. On la couvre des pièces d'un petit ménage en fer-blanc, ou en porcelaine, si l'on tient au luxe; et, après avoir rempli les plats de biscuit émietté ou de grains de groseille, et rempli les carafes et les bouteilles d'eau claire et de vin trempé, on procède à la distribution simulée de ces mets délicats, qui finissent toujours par régaler le petit chien ou les moineaux du jardin.

E Escarpolette e
ÉCHASSES

Rien n'est plus propre que l'escarpolette à donner un avant-goût du mal de mer, si l'on n'a pas le cœur solide. Ce divertissement consiste en une planche pour s'asseoir, retenue de chaque côté par deux cordes que l'on attache à deux branches. On peut se faire balancer par une autre personne, ou se balancer soi-même en tirant sur une cordelette attachée à un autre arbre.

On se sert des échasses pour marcher dans les lieux humides, sablonneux ou difficiles. Elles se composent de deux perches, hautes de deux mètres, et ayant vers la moitié une traverse de bois qui sert d'étrier. On y pose chaque pied et on le serre par des courroies. La plupart des bergers du département des Landes ne marchent que sur des échasses. Il faut prendre garde de tomber, car on peut se faire beaucoup de mal.

F   Furet   f

Jeu fort simple, qui consiste à s'asseoir en rond, après avoir tiré au sort celui qui devra rester debout. On se fait ensuite passer prestement un objet avec lequel on puisse faire du bruit, tel qu'un sifflet, une sonnette, une clef forée, etc., de manière à ce que le joueur resté debout ne puisse, ou le voir, ou le saisir, et qu'il croie l'objet d'un côté tandis qu'il est d'un autre.

Celui des joueurs qui se laisse prendre l'objet en question, est obligé, selon la règle du jeu, de prendre la place de celui qui l'a surpris; c'est à son tour à chercher, jusqu'à ce qu'un maladroit se laisse attraper à son tour.

On se sert aussi d'une pantoufle pour furet; elle sert à frapper sur le derrière du chercheur pendant qu'il est tourné.

G Gymnastique g

La gymnastique est plus qu'un agréable délassement, c'est un art et un art utile; car on l'a appliqué à l'orthopédie, et plus d'une santé délicate s'est, grâce à lui, changée en un robuste tempérament. Un Sicilien, nommé Hérodius, passe pour l'inventeur de cette gymnastique médicale.

Cet art, puisqu'il faut l'appeler ainsi, comprend une foule d'exercices, dont les principaux sont : le portique, le trapèze, les barres parallèles, la corde à nœuds et la corde lisse, le cheval de bois, les barres perpendiculaires, le tremplin et le saut périlleux.

Aujourd'hui le saut périlleux et autres exercices dangereux sont abandonnés et remplacés par les altères en fonte et les massues en bois.

H · Hochet · h
HANNETON

Le hochet se compose d'une petite boule découpée, en or, en argent, en ivoire, ou simplement en os, renfermant un grelot de métal, et de deux appendices en ivoire ou en or, dont l'un est pressé par l'enfant dans ses petites gencives, pendant le travail de la dentition, et dont l'autre, garni d'un petit sifflet, sert à l'amuser.

A peine sorti de son œuf, le hanneton, connu sous le nom de ver blanc, devient l'ennemi des racines, et pendant les trois années que vit cette larve, elle fait le désespoir du cultivateur.

Pour amoindrir ses terribles ravages, les maires des villages donnent des prix à tous ceux qui en détruisent une grande quantité. Quand le hanneton a pris sa dernière forme, il devient le jouet des enfants. On lui attache un fil à la patte et on le fait voler en chantant :

Hanneton, vole, vole, vole, etc.

Images
JEU DES INDES

Les images sont une grande distraction lorsqu'il fait mauvais temps, ou bien quand on est malade et forcé de garder le lit.

On peut voir alors, dans des livres illustrés et destinés aux enfants, les animaux les plus remarquables, les plus belles plantes et les plus beaux monuments du monde.

Il est rare que cette vue ne porte pas l'enfant à apprendre à lire pour savoir par lui-même ce que signifient tant de belles choses.

Le jeu des Indes consiste à lancer une toupie au milieu de quilles rangées dans un certain ordre sur un plateau. Les quilles qui tombent comptent pour 1, 2, 3 ou 4 points, selon qu'elles appartiennent à la première, à la deuxième ou à la troisième case du plateau.

Si toutes tombent, on compte double.

J Jonchets j

Ce sont probablement les Chinois qui ont, les premiers, sculpté ces petits bâtons d'os et d'ivoire, et qui ont eu assez de patience pour se livrer à cette récréation.

On jette ces petits bâtons en poignée les uns sur les autres pour jouer à qui en retirera le plus à l'aide d'un petit crochet, sans en faire remuer d'autres que celui qu'on cherche à dégager.

Il serait bon de faire cadeau d'une boîte de jonchets à certains petits impatients de ma connaissance.

L'amour du jeu leur inspirerait sans doute la volonté de modérer leur vivacité naturelle, et de se corriger d'un défaut qui peut souvent rendre bien malheureux celui ou celle qui le possède.

K Kaléidoscope k

Le kaléidoscope est un instrument d'optique amusante, ayant la forme d'une grosse lorgnette, et qui, par l'effet de verres noirs placés à l'intérieur, et par la disposition fortuite de petits morceaux de couleur, de perles, de pains à cacheter en gomme, et autres objets transparents, compose les dessins les plus originaux et les plus variés, car il n'y a peut-être pas d'exemple que cet amusant instrument ait donné deux fois le même dessin.

Le kaléidoscope a souvent reçu une destination utile; on l'emploie dans l'industrie afin d'obtenir des dessins nouveaux pour les châles et les étoffes, et aussi pour ces magnifiques tapis, dont on admire tant les dispositions si ingénieuses qu'on ne les croirait jamais l'effet du hasard.

Lanterne
MAGIQUE

Les jours de fête, des hommes se promènent le soir dans les rues, avec un orgue, dont ils jouent en s'interrompant fréquemment pour crier d'une voix enrouée : « Lanterne magique. » C'est encore un instrument d'optique, qui, au moyen de lentilles et de verres peints, fait voir différents objets sur une muraille blanche ou revêtue d'une draperie blanche.

On y voit, lorsque l'on est bien sage : madame la Lune et monsieur le Soleil, avec mesdemoiselles les Étoiles; puis des contes en action : « Peau d'Ane, Riquet à la Houpe, la Chatte blanche, le Petit Poucet; » mais si l'on a été méchant, par hasard, on vous montre un petit enfant recevant le fouet ou mangeant son pain sec, ou bien encore un petit garçon qui frappe du pied et une petite fille qui pleure.

M Main chaude m
MARELLE

Rien n'est si facile à jouer que la main chaude.

Le patient est mis à genoux, la tête placée sur l'un de ses tourmenteurs, et les yeux bandés, si l'on se défie de sa bonne foi. Il tient la main ouverte sur son dos, et chacun vient lui frapper la paume de la main.

C'est au patient à deviner quel est celui qui l'a frappé; s'il dit juste, celui-ci prend sa place; s'il se trompe, c'est à recommencer, et ainsi jusqu'à ce qu'il ait trouvé une nouvelle victime.

On voit déjà, lorsque des enfants se livrent à ce jeu, la nature de leur caractère. Ceux qui sont en dehors, francs et naïfs, rougissent et se troublent quand le patient se retourne en les fixant; au contraire, ceux qui sont portés à la dissimulation gardent un sang-froid imperturbable.

N Natation n

La natation est un exercice salutaire, une récréation bien agréable dans les fortes chaleurs de l'été, et un art fort utile en cas d'accident; car celui qui sait bien nager peut se sauver, s'il tombe à l'eau, ou en retirer les autres.

Toutefois, tel adroit qu'on soit dans cet exercice, il faut y mettre de la prudence. En effet, si l'on s'éloigne trop, ou si l'on se baigne seul, on peut être pris d'une crampe qui paralyse les mouvements et cause la mort par submersion.

Il y a différentes manières de nager, que les maîtres de natation enseignent toutes : la manière ordinaire, appelée vulgairement en grenouille, la coupe, la planche et la manière dite en chien, dans laquelle on imite les mouvements de ce quadrupède lorsqu'il est à l'eau.

O Osselets O

Le bossu Ésope, le sage Phrygien, jouait, dit-on, parfois aux osselets, ce qui semblerait prouver que ce jeu remonte à une très-haute antiquité, puisque ce père de l'apologue vivait il y a plus de deux mille ans.

Les osselets sont de petits os qui se tirent de la jointure d'un gigot de mouton, et qui, réunis au nombre de cinq, composent un jeu attrayant.

La manière la plus simple de jouer aux osselets est celle-ci : on prend dans sa main les cinq petits os, on en jette un en l'air et on pose les autres sur une table ou un banc, on en reprend un avant que le premier soit retombé, puis deux, puis trois, etc.

On s'amuse aussi quelquefois à faire sauter les osselets de la paume de la main sur le dos et réciproquement, sans en laisser tomber.

P Parachute P
POLICHINELLE — POUPÉE

Le parachute est un jouet imité de la machine qu'emploient les aéronautes pour descendre à terre en abandonnant leur ballon. Ce jeu était fort à la mode il y a quelques années.

Polichinelle est un pantin trop

connu pour que nous nous étendions sur son compte et trop respectable pour que nous oublions d'en parler. Voici son signalement : un grand tricorne, le teint fleuri, le nez baisant le menton, double bosse par derrière et par devant et des sabots rouges. Si vous voulez connaître son caractère, allez, mes chers enfants, assister aux représentations de Guignol, sur les Champs-Élysées.

La poupée est l'apprentissage de la maternité. La petite fille, en faisant des robes à son bébé, apprend à coudre, à soigner et à dorloter les enfants qu'elle aura un jour, comme sa maman le fait pour elle.

Q Quilles q

Tout le monde a vu des quilles, il suffit donc de dire comment on y joue.

Les quilles rangées en quinconce, il faut en abattre un certain nombre avec une boule.

Si l'on est plusieurs, ce qui est

plus amusant, celui qui tient la boule joue le premier et celui que le sort désigne pour être le dernier place le but.

Pour gagner, on doit abattre un nombre de quilles déterminé d'avance. Si on passe ce nombre, ou si on ne l'atteint pas, on crève, c'est le terme consacré.

Toute quille qui tombe abattue par autre chose que la boule ne compte pas, et il en est de même de celle qui, seulement ébranlée, est encore soutenue par une autre.

R Roi détrôné r

Ce jeu ne peut avoir lieu qu'en plein air, parce qu'il est trop bruyant et que dans un appartement on risquerait de tomber.

Le roi se place sur un petit tertre ou talus et, s'arc-boutant sur ses jambes, résiste aux efforts de ceux qui cherchent à l'en faire descendre ; lorsqu'il est mis en bas, un autre le remplace et ainsi de suite.

Il ne faut pas, dans l'ardeur du jeu, donner de coups, ni faire tomber le roi par terre, sans cela, d'après la règle du jeu, on en est exclu ; ce qui est fort juste, car on joue pour s'amuser, et non pas pour se faire du mal.

S Saut de mouton s
SARBACANE

Un petit garçon se place les jambes écartées, le dos courbé et la tête penchée sur la poitrine, en appuyant les mains sur ses genoux, et tous les autres franchissent le dos de ce mouton improvisé en posant le plus légèrement possible les mains sur la surface que présente son échine. Lorsque, par maladresse, un joueur fait tomber le mouton ou le touche avec ses pieds, il prend sa place. Si tous ont été assez adroits pour éviter cette faute, chacun, à tour de rôle, prend la place du pauvre mouton.

La sarbacane est un tube de verre, de bois on de métal, à travers lequel ou souffle violemment un pois, une boule de mie de pain ou de terre glaise vers un but quelconque. Quelques enfants s'amusent à tirer sur les petits oiseaux avec cette arme improvisée.

T Toupie Tonneau t

La toupie est un jouet en bois, en forme de poire, qu'on enveloppe d'une corde tournée en spirale, par le moyen de laquelle, lorsqu'on la dégage en la lançant, elle tourne sur une pointe de fer, dont elle est armée à son extrémité.

La toupie d'Allemagne est une grosse toupie creuse, percée d'un côté et qui produit en tournant un ronflement sonore.

La toupie américaine est construite suivant le même principe ; mais elle est en métal et plus petite.

Quant au tonneau, c'est un jeu composé d'une machine de bois, carrée, d'à peu près un mètre de haut et percée au-dessus de plusieurs ouvertures, qui portent différents numéros, dans lesquelles on cherche à jeter de loin de petits palets de cuivre, pour gagner un certain nombre de points.

U Ue! di-ah! u

C'est l'apprentissage du cocher. Une brouette est la voiture, un petit ami le cheval, à moins que l'on ne possède un gros chien ou une chèvre assez complaisants pour se prêter à cette fantaisie.

On fait ainsi, l'un traînant l'autre, un certain nombre de tours dans le jardin; mais lorsque le cheval est un petit être humain, il est bon que le cocher prenne à son tour sa place, et réciproquement.

Surtout, si vous avez un fouet, contentez-vous de le faire claquer et n'en frappez pas le pauvre animal qui sert à votre amusement, ou le petit camarade, qui pourrait vous le rendre plus tard. Ne faites jamais aux autres ce que vous ne voudriez pas qu'ils vous fassent.

V Volant v

Le volant est un petit morceau de liége, quelquefois même du son garni de cuir, percé de plusieurs trous, dans lequel on fait entrer de petites plumes, par le moyen desquelles il se soutient quelque temps en l'air après qu'il a été lancé. On se le renvoie au moyen de larges palettes, garnies d'un filet très-tendu et qu'on appelle raquettes.

Savez-vous, enfants, lorsque vous jouez avec ce petit objet emplumé, qu'il y a de pauvres gens qui gagnent douze sous par jour à en confectionner une grosse, c'est-à-dire cent quarante-quatre? Que cette pensée vous rende charitables, et si lorsque vous rentrez chez vous, fatigués de cet amusant exercice, vous rencontrez un pauvre, n'hésitez pas à verser dans ses mains les quelques sous que votre mère vous donne pour acheter des friandises. Votre cœur et votre estomac y gagneront.

X Xiphias X
OU JEU D'ÉOLE

Pour jouer le xiphias ou jeu d'Éole, il faut une table et un léger flocon de coton. Les joueurs, en nombre indéterminé, s'assoient autour de la table et s'y appuient de manière à ce que le coude de l'un touche le coude de l'autre. Une fois ces préliminaires terminés, l'un des joueurs souffle sur le flocon de coton et cherche à le faire passer entre deux autres joueurs. Si ces derniers ne soufflent pas assez vite sur le coton ou ne serrent pas assez leurs coudes pour l'empêcher de passer entre eux, ils ont perdu, et, selon les conventions faites au commencement de la partie, sont tenus de donner un gage, ou bien de s'embrasser.

Puis le jeu continue, et plus il marche, plus il devient animé ; il dure quelquefois jusqu'à ce que tous les joueurs, haletants et épuisés, finissent par demander grâce.

Y Yago y
OU JEU DE LA BARBETTE

Ce jeu est un jeu à gages.
Les enfants ou même les grandes personnes qui le jouent, se prennent par le menton en chantant les vers suivants :

Je te tiens, tu me tiens par la barbette,
Le premier qui rira aura la tapette.

Ordinairement, comme il est facile de le deviner, l'enjeu est une tape légère que celui qui a perdu, c'est-à-dire qui a ri le premier, reçoit de son partner.

Cependant, quelquefois aussi, en échange de la tape qu'il devait recevoir, le perdant donne un gage.

Z Zagaie z

La zagaie est une espèce de javelot en usage au Sénégal et chez les peuples sauvages. Elle se compose d'une baguette longue de trois ou quatre pieds environ, garnie de plumes à une extrémité, et armée à l'autre d'une pointe acérée, en os ou en fer. Cette arme est devenue un jouet dans notre pays.

On dispose, dans un jardin, une cible au milieu de laquelle est tracé un rond; puis, on se place à une distance convenue, et, brandissant la zagaie, on la lance avec force vers le but, en tâchant d'atteindre la cible. Celui qui en approche le plus gagne la partie.

Il est prudent, lorsque l'on jette la zagaie, qu'aucun des joueurs ne se tienne près du but, s'ils veulent éviter d'être atteints par un maladroit.

POISSY, IMP. ET STER. DE A. BOURET.

www.ingramcontent.com/pod-product-compliance
Lightning Source LLC
LaVergne TN
LVHW051501090426
835512LV00010B/2278